Poèmes ou Rêves

Sandrine ADSO

Poèmes ou Rêves

Peut-être y a-t 'il des poèmes plus bleus que les rêves, et des rêves qui s'écrivent sous la course du ciel.

© Sandrine ADSO, 2024
Édition : BoD · Books on Demand, 31 avenue Saint-Rémy, 57600 Forbach, bod@bod.fr
Impression : Libri Plureos GmbH, Friedensallee 273, 22763 Hamburg (Allemagne)
ISBN : 978-2-3225-7282-3
Dépôt légal : février 2025

Chères lectrices, chers lecteurs, voici l'adresse de mon blog, n'hésitez pas, vous aurez de belles surprises :

https://sandrine-adso.jimdofree.com/

Celui de ma main

Un certain de ces jolis matins
Le soleil chantait
Parce que je t'aimais
Et les souvenirs sont des fleurs d'amour
Que tu me donneras jour par jour.

Et ce sera bon comme entendre ta voix
Mais pas autant que tes bras.

Contre toi, tu caressais mes longs cheveux
Le plaisir passé est à la fois une douleur et une espérance
Car tu vas revenir
Alors je pourrais tout offrir
Et vivre à deux
Les derniers instants de silence.

Veux-tu jouir de mes caresses
Et me parler de ma tendresse ?

Il y a en toi
L'homme que j'attends depuis les premières fois
Sous le sable divin d'un repos extraordinaire
Aux alentours d'une probable mer.
Où portée par le doux frou-frou des étoiles étincelantes,
Ta main[1] se fera douceur et amante

---

[1] Dans le judaïsme, la Hamsa (du chiffre cinq, en hébreu : Hamesh) ou main de Myriam en référence à la sœur de Moïse et Aaron est très populaire. Les khamsas sont quelquefois incorporées dans des plaques murales, des trousseaux et des colliers. Parfois, elles portent une inscription de prières juives comme le *Shéma Israël*, la *Birkat habayit*, la *Tefilat haderekh* ou le symbole de la kabbale. La Kabbale, voix initiatique de la tradition hébraïque, se transmet de « bouche à bouche », de maître à élève, depuis des temps immémoriaux. Ses enseignements universels puisent aux Sources Originelles de la Connaissance, conduisent peu à peu à une éthique d'équanimité de la vie, d'équilibre de l'être, car cette « sagesse d'amour » reflète l'unité (J. et Ch. Baryosher, *Premiers pas vers la kabbale*, édition Fernand Lanore, 1995, quatrième de couverture).

Et j'écrirai encore à la flamme vacillante
Les murmures des vibrations ondulantes.
Le sol doucement s'inclinera jusqu'à ton cou
Pour éteindre les longs appels du dernier loup.
La nuit nous entourant alors de ses bras chthoniens
Tristes de disparaître quand se dresse le matin.

Alors sur un dernier lit de feu et d'amour
Je verrai se colorer du charme que tu connais toujours
Les baisers cachés qui ont attendu si longtemps
Avant de s'élever comme un printemps éternel au diamant
Du soleil
De ta merveille.

Alors encore je tremblerai devant tes mains
Alors encore je m'ouvrirai à l'épiphanie[2] du matin
Pardonne-moi si je suis éprise de ces mains
Que tu caresses comme un jardin[3]
Et ce sont par milliers de fleurs
Que sera célébré notre bonheur :
Humble, tendre, sauvage, immense
Mais bien à nous un état de providence
Un matin où je poserai un baiser sur l'ombre de ton corps
Qui flotte encore,

---

[2]Épiphanie, fête chrétienne qui célèbre le messie venu et incarné dans le monde et qui reçoit la visite et l'hommage des mages.
[3]Dans la littérature classique puis européenne, le jardin est un lieu volontiers lié à l'amour, en tant que lieu abritant, protégeant l'objet de l'amour, mais aussi en tant que lieu de séduction et de bonheur. Dans la région grecque de l'Arcadie les bergers-poètes vont et viennent dans une nature idéalisée et pacifiée en chantant l'amour de leurs belles. En 1869, Paul Verlaine compose son recueil *Fêtes Galantes* qui met en scène les promenades amoureuses et les jeux de séduction de jeunes gens. En ce qui concerne le bien aimé roi David, nous découvrons son amour pour Dieu. David éleva les paroles de ses compositions bien au-delà du simple divertissement ; il en fit des chefs d'œuvres classiques dédiés au culte et à la louange du créateur. Les psaumes 8, 19, 23 et 29 reflètent très probablement ce que David vécut quand il était berger.

Sur les portes de ma maison,
Alors tout doucement se dessine ton prénom
Et ton parfum royal en pénétrant mon corps et mon âme
Enivrent soudainement l'enfant devenue femme.

Et sous ce nouvel éclat de lumière et de parfum,
Monte au ciel, le bonheur de chacun de nos anges
Vers ces nouveaux matins
Où tous tes regards éclairant le défiant portique
D'un subtil et langoureux mélange
Font venir à moi, ton être-là magique.

Alors secrètement j'irai chanter et danser,
Pour toi aux fenêtres de tes palais
Et nous nous aimerons dans les voiles et les rouleaux d'écume.
À ce doux sel, qui fertilise les brumes
Tu les prends dans tes mains, tu les jettes au feu
Alors, je ferme tranquillement mes yeux
Car je sais à présent que de tes mains tu maîtrises l'univers
Surtout mon cœur, les premières fleurs, et les dernières prières.
Et que j'aille mourir demain
Si je cesse un seul instant de t'aimer
Toi le soleil de ma liberté,
La secrète joie de ma vérité.
Tu es la source vive de chacune de mes jouissances
À chaque fois, une semaison de fleurs au bleu intense.

Tu caresses le monde, tu fais planer la joie
Surtout tu parles dans le silence à tous ces rois
Qui dans leurs rêves, parlent de toi et moi
Car ils touchent l'espoir de saisir une brindille de notre amour
Pour construire leurs temples au bord du vent.
Tout ton corps devient le pressentiment
Des infinies nuits et journées de notre amour
Que ma main dans ta main chante comme un emblème royal.

J'irai toujours avec toi, chevaucher le rêve idéal
D'un mariage et d'un doux songe de printemps
Afin que nous retrouvions à nous deux, ce temps
Qui ne nous volera pas l'éternité ;
Puisqu'en toi coule le sang de la terre sacrée
Roi, amant, étoile parmi les étoiles
Printemps de toutes les lumières ancestrales.

Je ne suis que la rose que tu cueilles de bon matin
Pour goûter le doux vin[4]
Qui est parti se coucher
Derrière les astres ensoleillés.

Dans ma bouche tu sentiras le sucre du miel, et la folie du vin
Et je caresserai ta main tremblante de désir
Alors pour toi je pleurerai à l'oracle de l'avenir
Pour y emporter tes rires ;
Mais je m'accorderai le privilège de tes sourires.

---

[4]Le vin et la religion ont un rapport étroit ; son débourrement spectaculaire au printemps fait que la vigne a été très tôt associée à la renaissance de la vie après la mort, comme dans le mythe d'Ampélos. Dans la mythologie grecque Ampélos (en grec ancien : vigne) est un jeune satyre, éromène aimé de Dyonisos. Sa mort donne naissance à la vigne et au vin. En mythologie comparée, dans le poème de Nonnos l'intervention du vin est annoncée par plusieurs prédictions antérieures à l'épisode d'Ampélos. Dionysos-Zagreus, fils de Zeus et de Perséphone a été tué par les titans. Zeus se venge en ravageant la Terre par un incendie gigantesque, suivi d'un déluge qui noie le monde. Voilà pour les païens, pour les chrétiens l'épisode le plus explicite du thème du vin est transcrit dans *les noces de Cana*, récit tiré du Nouveau Testament où il est raconté que Jésus a changé de l'eau en vin. Dans la religion juive, il est l'objet de sacrifice et de bénédiction, chez les musulmans il est à la fois objet de répulsion et de récompense suprême au paradis.

Parce que ton visage est un fleuve de la beauté[5]
Parmi tout cet océan violent et tempéré
Les flots peuvent se déchaîner,
Les orages peuvent tout foudroyer
Tu restes blotti en moi, comme le grand secret
Et nos chaleurs fusionnent en pleine nuit
Dans le grand soleil des amants trop épris.
De tes yeux à mes yeux, brillera la lumière
De la belle et magique clairière
Qui reste secrète puisque c'est nous, puisque tu es roi.

Tu es un enfant de l'univers,
Tu protèges toutes les couleurs, car elles sont lumière
Et qu'en ton cœur rayonne l'arc-en-ciel du monde
Des eaux, des forêts, des clairières et des plages blondes.
Le serment des arbres sous les tilleuls aux licornes, et tu es là
Alors je me penche et je ne cueille plus que toi.
Tu m'apprends la lueur, le calme, la lumière
Je soupire avant la fin de l'hiver.
Parce que tous les jours tu emportes mes printemps
Et que tu bois le parfum d'un temps
Qui ne meurt jamais.
Ton regard caresse les arbres liés
Par les racines fleuries dans une très secrète forêt.

---

[5] Pour Platon, c'est par l'amour (éros) que l'on découvre des choses de plus en plus belles. En reprenant les trois étapes de l'initiation à la beauté : la purification, l'ascension et la contemplation, Platon donne une bonne dialectique aux mystères orphiques de l'ascension de l'âme vers le divin. Pour David Hume l'idée de beauté est une projection du plaisir que produit un objet. Pour Emmanuel Kant, la beauté est une satisfaction désintéressée. Pour Georg Wilhelm Friedrich Hegel, il y a une différence conceptuelle entre le beau de nature et le beau artistique. Karl Jaspers (psychiatre) tente de trouver un sens à cette atrocité qu'est la guerre (deuxième guerre mondiale), selon lui, le beau s'applique sur deux dualités différentes : celle être primaire (matière morte) contre être complexe (individu) puis sur la dualité naturelle du fond contre la forme.

Tu es absolument celui de ma main
Une étoile qui pleure de joie au matin.
Et je meurs sous tes caresses et sous le ciel
Du vent qui conduit les hirondelles
Aux porches de la maison qui ne craignent ni la tempête, ni la flamme
Aux colonnes de mon âme.
Tu as la clef de ma porte la plus intime et je n'ai pas peur
De mourir d'amour par le secret de tes liqueurs
D'alcool frais aux couleurs évanescentes
Qui tanguent et chantent dans la cascade obsédante
De ton regard, de mon regard, aux vins des satyres et des vierges.
Alors, la première fois toujours émerge :

Ta longue main sur les fleurs bleues.

Regarde, tu as le ciel au bout de tes doigts
Écoute la mer chanter tout autour de toi,
Et n'aie pas peur de marcher sur la plage
Longue et vide comme un premier voyage.
Nos bouches ne parleront jamais de frontières
Par la force de l'amour, nous éteindrons toutes les guerres.

La nuit

La nuit a jeté ses oriflammes
Tels une nuit que personne ne réclame
Car le jour a été divin
Et la nuit, s'achève dans le sacre du matin.

les étoiles entre elles chantent
Et la nuit s'enchante
Devant tant de beautés
C'est un instant de vie exalté
Qui recommence à perpétuité
La douce condamnation depuis la nuit des temps
Et cette pluie d'automne voyage dans le vent.

Et le vent se remplit du souffle et de son mystère
Et la nuit ne devient qu'une lumière :
Étrange, solennelle
Puissante, belle
Comme le rêve bleu
Du magicien qui offre à tous les enfants, le jeu.

Les enfants jouent dans le matin
Comme des ricochets de galet sur la mer satin
Et la sorcellerie de leurs rires
Jaillit en ma mémoire, telle un fabuleux souvenir.

Alors doucement, je pense à toi
À ta douceur, à tes bras
Et enfin tu es là.

Cet amour

Cet amour que je te propose
Est issu du nectar de la première rose,
Née au jardin ce matin
Et qui a fleuri dans ta main.

Car ta main est douce comme le printemps
Légère et fluide comme ce vent
Qui laisse flotter dans l'air, les premiers mots de cet amour.
Dont les mots se confondent avec les archanges du jour,
Alors se multiplient
Jusqu'à l'infini,
Les premiers arcs-en-ciel
Honorant la lumière éternelle.

Cet amour devient feu, devient joie
Dès que je pressens tes bras,
Même si je sais que d'autres les ont connus
Alors même qu'elles étaient nues.

Mais cet amour résonne depuis les cavernes, les océans
Fait taire les géants arrogants
Élève jusqu'aux cieux le parfum des fleurs
Et laisse nos corps flotter dans l'apesanteur
Où nous n'éprouvons plus aucune douleur :
Le sud, le nord, l'est et l'ouest se mêlent
Seul compte l'horizon surnaturel ;
Où tu as posé tes yeux la première fois
Que tu as entendu ma voix.

Je te parlais de ces licornes d'autrefois
Aux regards transparents et vifs comme l'éclair,
Et qui parcourent depuis l'éternité tous les chemins de la terre.

Aucune contrée, aucun sous-bois ne leur sont interdits
Et dans chacun d'entre eux, elles protègent la vie.

Le fruit

Le fruit du jardin
A été touché par ses mains.

Ève ou Lilith
Toujours elle s'invite
Au bal des premières fois.
Et Adam trouvera pour elle, l'amour et sa loi.

Enchanté, désenchanté
Désiré, ensorcelé
Dans l'argile du jardin
S'était glissé le malin,

Celui-ci avait chanté si fort
Qu'il avait rendu irrésistible la pomme d'or.
La première femme avec toute sa sensualité magique
Jaillit de sa présence onirique
Réveillant Adam
Lui offrant le fruit de Satan,

Le jardin se couvrit d'une brume soudaine
Et Adam, sentit en lui, la peine
De ne plus être l'enfant chéri
Du seul Dieu qui avait laissé faire
Son ange Lucifer[6].

Dès lors, il y eut le bien et le mal
Comme le jour et la nuit
Et peut-être la dernière liberté fondamentale
Celle, que l'on appelle folie.

---

[6]Sous la forme définitive de *Lucifer*, est devenu le nom d'un ange déchu pour s'être rebellé contre Dieu. Certains l'ont rapidement diabolisé et assimilé à Satan. Cette figure, définitive, sera développée jusqu'à nos jours dans les religions chrétiennes et les arts.

Et l'amour se conjugue aux parfums de la passion
La folie de l'amour à l'horizon,
Qui allait atteindre les descendants d'Adam et Ève
Jusque dans leurs rêves,
Il en est ainsi de Booz et de Ruth.

Le bateau

Le bateau tangue comme une nouvelle passion
À chaque fois qu'un marin scrute l'horizon,
La mer se prolonge jusqu'à l'infini
Tournant et se retournant dans un roulis
Où se mêlent tous les chants marins :
Ceux des sirènes et des matelots dans le matin.

Alors sur les eaux se dessine l'écume blanche
Qui ressemble à celle que l'amant laisse sur les hanches
De sa première nostalgie :
Demain lui redira-t-elle oui ?

Et si elle lui disait non,
Quels seraient ses frissons ?
Verrait-on les perles de ses yeux
Et son sourire malheureux ?

Et si elle lui disait oui
Sa joie, serait celle de celle qui étourdit
Allumant les gestes du désir
Privilégiant l'instant-Éros et non l'avenir.

Ce petit bateau
Qui tangue sur les flots
Est semblable à l'amoureux
Qui ne trompe pas avec ses yeux
Et qui continue à aimer
Lorsque la lune se met à tout bouleverser :
Les vagues s'élevant jusqu'à des sommets invisibles
Émues par des charmes intraduisibles,

Alors le lutin malin
Capture dans la fiole qu'il tient à deux mains

Dans la lumière de la nuit
L'eau éblouissante du secret alangui.

Et si je revenais

Et si je revenais
Au prochain printemps
Espérer avec toi, la flamme de l'été
Le soleil dans sa force d'enfant,

Et si je revenais
Dans tes longues nuits
Où s'étalent les fauves non encore apprivoisés
Me parlerais-tu de ces jours en plein midi
Où se confond la lumière du ciel
Avec celle de mon cœur fidèle.

Oui, je peux te parler
De ce moment intense et discret
Où contre toi, j'irais me coucher
Pour aller chercher l'aube de l'été.

Dans le seul but de t'offrir la fin de la nuit,
Le retour de la lumière, si jeune qui éblouit
Derrière ses boucles blondes
Le visage de l'adolescent qui vagabonde.

Et si je revenais,
Au pays de mes dix-sept ans
Le temps aurait-il fini de trembler
Comme tous ces vents
Où la tige encore blanche de roseau
Plie mais ne rompt pas sous le fardeau ?

Je suis revenue,
Et aujourd'hui, tu m'as entendue
Te conter, les dernières litanies
De la pluie

Qui glisse sur les fenêtres aux rideaux mouillés
Par la pluie d'été.

Encore une fois

Encore une fois l'orage qui se lève
Aux bords du rêve ;
Entre le jour et la nuit,
Entre le presque et l'infini ;
Entre mon maintenant et ton après
Comme un cadeau intemporel pour chacune des fées
Qui peuple ton sommeil,
Qui honore tes éveils.

Tu souris lorsque tu sors de ton rêve
Tu souris lorsque le jour se lève.
Et encore une fois vibre l'anneau du roi
Celui qui a roulé depuis l'au-delà
Et qui vient jusqu'à toi
Sans chercher à se poser sur tes doigts.

Encore une fois
L'émeraude sacrée brillera,
Lumineuse et intense.
Dans les yeux de la panthère
Celle-ci au fond de la jungle, danse, danse
Dans l'éclair transparent et vert
Que ses yeux posent sur tous les arbrisseaux
Qui venant de naître se posent sur tous les mots,
Murmurés par le chaman, qui tremble encore une fois
Devant l'âme de l'oiseau-roi,
Qu'il invoque tout bas
Pour te ramener
Au pays de la liberté.

Encore une fois,
Tu pourras danser
Dans la lumière secrète du fond des bois.

Ainsi tu seras
Encore une fois
L'étrange, le sublime
L'éternel infime.

Et maintenant

Et maintenant tu es là, bleu et nuit
Avec les ailes des étoiles
Avec les lumières des instants opales
Où tu murmures oui
Au premier collier
Qu'elle aura posé
Autour de ton cou
Dans un geste et un élan très doux.

Et le fluide mystérieux
De ce charme à la belle allure du feu
Te ramène à l'époque, où tu savais encore chanter
Ces mélodies aux accents de liberté,
Aux accents de mer déchaînée.

Et maintenant t'attendent des milliers d'oiseaux fous
Qui chantent aux genoux des premières fois
Alors, tu te feras très très doux
Comme aux pieds d'une vierge qui n'aimera que toi
Et qui te le dira, dans un langage sucré
Pour faire couler le vin des très longues soirées
Où la lune ne voulait pas s'effacer.

Et maintenant tu restes là à la contempler
Cette belle vierge aux boucles entrelacées
De ruban
Aux couleurs du vent,
Un vent qui pleure ou qui rit
Selon ce que tu proposes et souris
À l'ombre du visage angélique
Qui pour la première fois de sa vie
Murmure les mots magiques,
De tout ce que tu appelles amour,

De tout ce qui te fait pénétrer le jour
Aiguisant en toi, la joie
De se trouver là
En face du plus grand mystère
La naissance d'un désir qui fracasse les pierres
Et qui te fait succomber
À l'ardeur de ses baisers
Qui savent si bien te parler,
De virginité.

J'ai chanté

J'ai chanté près de toi, avec ma nuit.
J'ai chanté pour accompagner ta mélodie
Qui monte sur les vagues vers minuit
Et qui offrent un horizon
À ton seul diapason.

Tu deviens la lumière
Sonore de l'éclair,
Qui allume le ciel d'un fragment de Zeus et de sa colère.

Mais moi, je ne t'offre que ma joie.
Et c'est pourquoi
Encore une fois,
J'ai chanté,
Ton bleu, ton plein, ton délié.

Laisse-moi t'offrir l'esquisse
De mes rêves pour toi, et de ses délices.

Laisse-moi chanter
Tous les refrains de ton été,
Toutes les apothéoses
De tes roses.
Qui ne sont que bleues
Et pleines de lumière dans le matin feu.

Oui tu entendras mon chant
Aussi loin, que te portera le vent
Dans un dernier vertige
Que la colline inflige
À la vallée.
Et oui tu connaîtras l'éternité.

Celle que les poètes ont chantée
Dans leurs premières odes éclairées
De candeur, de musc et de liberté,
Ensemble, nous connaîtrons les voluptés
Sauvages et divines, des premiers vers
Sur mes chants de troubères.

Ton sourire

Ton sourire
Est une fleur qui me fait frémir
Pétale par pétale
Frisson par frisson
Dans une saveur originale
Provenue directement de l'horizon.

Cette merveille
Se compare avec le soleil
Et ton sourire
Chante et danse sur le navire
De mon cœur
Épris d'amour et de bonheur.

L'amour est en moi
Depuis si longtemps déjà,
Le bonheur je le cherche en permanence
Dans tes yeux, dans le silence
Éloquent de ton âme riche et belle
Qui me parle depuis les monts éternels
Où je vais danser chaque nuit
Pour faire exulter ta vie
Si ce n'est l'échange d'un baiser…

Ce baiser
J'en ai rêvé cent fois,
Ce baiser viendra
Aux portes de l'immense joie.

Ton espace

Ton espace est vermeil
Ton espace est l'origine de mon soleil.

Aux côtés de tes vallées et de tes collines
Chante et se dessine,
La frêle licorne bleue
Que j'ai pu louanger de par mes yeux
Dans un moment d'enfance, dans un verger
Une certaine matinée d'été.

Un matin où les arbres riaient
Dans leur aura verte
Et l'étrange découverte
De ces petites fleurs
Inconnues à cette heure,
Paraissant pour glorifier le Seigneur.

Qui dans sa gloire éternelle
A imaginé une terre belle,
Et de ce rêve tout est né
Même l'homme et la femme qui se sont aimés
Sur la mousse du jardin
Dans l'éclat incomparable du « Bien ».

Extraordinaire
Était la lumière
Portée dans leurs corps
Tout faits d'argile et d'or.

L'insouciance

L'insouciance
Ou l'innocence ?

L'enfance
Ou la résilience[7]?
Juste un sourire éternel
Une pluie délicieuse, quasi-sensuelle
Qui flotte comme un parfum
Entre la brume et le nuage
Qui flotte depuis le lointain
Depuis le monde du passage
Entre ton sourire
Et mon sourire.

Ton espace
Se remplit jour après jour
De cet air qui flotte et laisse ses traces
Entre mon jour et ton jour.

Tu peux être à l'autre bout du monde
Ma pensée infime à l'ultime seconde
Me conduit vers toi
À l'espace royal de tes pas
Sur lesquels je me penche
Aux frissons étranges des pervenches.

---

[7]Capacité à surmonter les chocs traumatiques.

La joie

La joie,
C'est toi.
Ne serait-ce qu'un instant
Un moment capturé par le vent,
D'Aphrodite la complice
De tout cet amour qui s'immisce
Entre les pages du mur,
Entre les pages du murmure.

Tu es dans chacun de mes mots
Et dans le défilé de certains sanglots
Quand je te sens accablé
Et que tu ne vis plus ta royauté ;
Laissant ainsi ton royaume en friches
À l'insu de certains fétiches.

Alors dans le brouillard je cherche la couronne
Tombée devant tes pieds
Et dans la lumière soudaine, tu me pardonnes
De vivre autour de toi
Dans la joie et l'éternité.

Mais comment dire « je t'aime à un roi » ?
Si je pouvais m'appeler Esméralda[8]
Ma danse ranimerait en toi
D'aussi brefs instants de joie.

---

[8] L'histoire de l'Esméralda est étroitement liée à celle de Quasimodo, le sonneur de cloches difforme de la cathédrale. Quasimodo, rejeté par la société en raison de son apparence, tombe éperdument amoureux de l'Esméralda. Leur relation complexe et émouvante est le cœur du roman de Hugo, incarnant la quête universelle d'amour et de compréhension.

>Le temps de dire un mot
>Et d'aimer Quasimodo[9].

---

[9] Après avoir tenté d'enlever un soir la danseuse gitane Esméralda sur ordre de Frollo, qui en est amoureux fou, il est condamné à deux heures de pilori en place de Grève et à une amende. L'affaire est jugée par un auditeur sourd, et Quasimodo est sourd lui-même : le procès est une farce, et Quasimodo a été condamné sans avoir été écouté et sans avoir rien compris. Alors qu'il est ainsi exposé, la danseuse a pitié de lui et lui donne à boire. Il tombe amoureux d'elle, lui aussi.

Laisse-moi te donner

Laisse-moi te donner
Et l'instant et l'éternité
Pour jouir de tout ce qui se veut temps
De tout ce qui se veut vent
Et, oui je te réfugie loin de ce Chronos[10]
Qui dévore si féroce,
Les enfants de l'amour.
Alors Apollon[11] faisant naître le jour
Allume en toi, le songe de la poésie
Qui longe les rives du paradis
Pour se perdre dans le gouffre du déluge.

Laisse-moi te donner
Les clefs de mon refuge
À l'ombre du premier olivier
Sur le monde à nouveau ressuscité
Après la genèse[12] de l'humanité.

---

[10]Chronos (grec ancien : Χρόνος) est la personnification du temps qui apparaît principalement dans les traditions orphiques qui le considèrent comme le fils de Gaïa (la Terre) et d'Hydros (Eaux primordiales). Nonnus en revanche raconte qu'il émergea du Néant. Il aurait comme épouse Ananké, l'allégorie de la Nécessité Impérieuse dont il aurait eu trois enfants : Chaos, Aether et Phanès. Dans la mythologie alexandrine et romaine, Chronos est le père des Heures, personnifications des douze heures du jour ou de la nuit. Certains associent, à tort, Chronos (Χρόνος), à Chronos (Κρόνος) le Titan[réf. nécessaire]. Il est vrai que la confusion est d'autant plus possible que Cronos possède aussi des attributs du temps.

[11]Apollon Écouter (en grec ancien : Ἀπόλλων / Apóllōn, en latin : Apollo) est, dans la religion grecque antique, le dieu des arts, du chant, de la musique, de la beauté masculine, de la poésie et de la lumière. Il est conducteur des neuf muses.

[12]Le Livre de la Genèse (hébreu : ספר בראשית (Sefer Bereshit), « Livre Au commencement » ; grec ancien : Βιβλίον τῆς Γενέσεως / Biblíon tês Genéseōs, « Livre de la Naissance » ; syriaque : ܣܦܪܐ ܕܒܪܝܬܐ (Sifra deBrita), « Livre de l'Alliance » ; latin : Liber Genesis) est le premier livre de la Bible. Ce texte est fondamental pour le judaïsme et le christianisme. Récit des origines, il commence par la création du monde, œuvre de Dieu, suivie d'une narration relatant la création de l'humanité comme étant homme et femme.

Je serai là dans la lumière
Sur la bouche de ta prière.

Le vent court

Le vent court
Sur les défilés du jour
Comme un sentier
Dans un hiver achevé.

Et je reste épanouie
Devant ton infini
Devant tes pas
Tes émois
Que je reçois
Comme une loi.

L'interdit, le permis
Tout devient mêlé
Tout devient liberté.

Et si l'on me pardonne
C'est peut-être parce que je fredonne
La première chanson
Qui atteindra l'horizon.

Le prélude

Le prélude s'engouffre dans le tumulte
Et le silence devient culte,

Comme un horizon apeuré
Devant les couleurs de l'été
Devant les cris printaniers
Et tout redevient silence
Comme une prochaine présence

Où tu caresses derrière toi
Les deux chevaux blancs du roi.
Toi seul peux les voir galoper
Dans ces lointaines forêts
Là où le roi aime aller
Rejoindre sa bien aimée
Qui l'attend dans sa simple nudité.

Pourtant elle se cache parmi les fleurs
Et elle oublie d'avoir peur
Car il vient, les mains tendues
Les deux mains nues :
Il a jeté au ruisseau
Tous ses anneaux
Toutes ses pierreries.
Il vient avec sa vie,
Ses rêves, ses désirs
Et sûrement ce sourire
Qui dans un prélude à l'amour
A allumé le bonheur de ce jour,
Qui s'appelle
Elle et lui
Qui s'appelle,
Le roi et la vie.

Mais chut, taisez-vous
Le prélude commence
Pour l'innocence
À genoux.

Le temps

Le temps est long
Le temps est frais
Comme la chanson de ton été
Qui résonne sur les parois
De cette demeure où je te vois
Ouvrir et fermer les fenêtres
Offrant aux vents différents peut-être.

Pour que tout recommence
Dans une ultime danse.

Ce matin il fait bon,
Ce matin, j'ai la sensation
D'être en vie,
Alors je dis merci.

Le chemin

Le chemin est long
Et coulent des matins
Comme des bateaux alanguis
Des paradis enfouis,

La nuit devient bleue
Et la rosée prend feu
Comme dans un continent oublié
Une journée égarée…

Dans le temps
Dans le firmament
Et je souris
Et je chante et je ris.

Il est bientôt minuit
Le carrosse va peut-être
Surgir dans le panel de la fenêtre
Et je te verrai
Et oui je saurai.

J'attends

J'attends depuis l'aube
Que ton corps se dérobe
Derrière la fenêtre du soupir
Pour vers toi, danser et rire.

Ne pars plus, c'est si long d'attendre
Dans la confiance, sans se méprendre.
Toi, seul sais m'entendre
Lorsque dans la nuit j'ai mal ou froid
Et pourtant tu n'es pas là.
Mais je t'aime avec cette ardeur
De celle qui fait s'épanouir les fleurs,
Tu me donnes la couleur poudrée de la rose,
Tu me donnes la force et avec toi, enfin j'ose ;
J'ose écrire que je t'aime depuis
Que j'ai compris le sens de l'aube inouïe.

Je parcours les sentiers
Fleuris et secrets de ta forêt,
Et secrètement,
J'attends,
Oui j'attends que la lune se lève
Sur ton domaine et sur nos rêves.
Ensemble nous irons boire au ruisseau
Ensemble nous irons de plus en plus haut
Sur les cimes escarpées
Des vergers d'été
Dans les hauteurs
Des premiers jours de fleurs.

J'attends de te voir
De croiser ton regard ;
Et je me raconte des histoires

Qui parlent de licornes au petit-bois,
Des licornes qui me font rêver de toi
Du petit matin, jusqu'au début de la nuit
Mais quand celle-ci devient profonde et infinie
Mon âme se libère
Et découvre les rivières,
De mes fantasmes, de mes désirs de femme
Et tout cela s'achève avec la flamme
Du petit matin
Qui attend, qui vient.

Alors le magicien
Se lèvera et parmi les lutins
Ira chercher les charbons ardents
Éloignant ainsi tous nos tourments.

L'amphore sous la mer

L'amphore sous la mer
Est pleine de lumière
Des fonds marins
Protégés par les dauphins.

Amis d'Ulysse, ils parlent ce langage
Des poètes, et des philosophes grecs, sages
Qui connaissent tous les secrets
De la mer Égée.

L'amphore est brillante
Autour d'elle serpentent
Des créatures presque humaines
Dont l'apparence est toute sirène.

Dans l'amphore est caché le parchemin
Sur lequel tu avais écrit
Le nom de celle que tu aimes tenir par la main
Et que tu protèges de la nuit
En dansant sur les rochers de la mer,
Alors j'imagine que je suis celle que tu espères
Et je tremble, et je frissonne.
Alors je m'abandonne
À mes pensées sauvages
Et je plonge, chercher l'amphore.

Alors je découvre des contrées d'or
Des lumières étranges
Des formes qui changent.

Et quand je saisis l'amphore dans ma main
Celle-ci explose, et dans un violent chagrin
…
Je me réveille, et tu es là à mes côtés !

La seule fois

La seule fois
Où je pleurerai devant toi,
Les arbres iront jusqu'au ciel
Pour réclamer leurs fruits de miel.

Et je les porterai à ta bouche
Et je les porterai à ta couche.

Alors tu sentiras à travers ce fruit
La saveur sucrée de cette vie
Qui tourbillonne en cet instant
Et nous nous cacherons derrière le vent ;
La seule fois
Où l'orage résonnera
Depuis toi
Jusqu'à moi.

En cet instant
L'amour se fera grand
La nuit se fera temps.

L'éternité nous sera offerte
Et nous partirons à la découverte
De la seule fois
Où la lumière dansera une dernière fois
Dans son ballet enchanté
Pour nous célébrer.

Et tu seras ce roi
Qui fait pleurer les pierres
La seule fois
Où dans mes mains, je t'apporterai la lumière.

Aujourd'hui

Aujourd'hui, plus qu'hier je t'aime
Et pourtant tu es le même
Que l'homme que j'ai aimé hier
À la fois homme et roi de toutes mes terres étrangères.

Tu es ce soleil,
Tous les oiseaux, cette unique merveille.
Et de toute mon âme, de tout mon corps
Je t'aime, et probablement de plus en plus fort :
Tu es la nuit bleue
Qui atteint la prunelle de mes yeux,
Tu es ce jour, de soleil feu
Inondé de joie, de te savoir heureux.

Aujourd'hui plus qu'hier je t'aime
Et pourtant es-tu le même
Qu'hier, où j'ai scellé
Mon âme à tes pieds ?

Car ils ont foulé chacune des terres sacrées
Avec la même humilité, le même respect.
Que le mendiant sans terre, et sans palais.
Oui, tu es roi mais sans temple
La terre entière, te contemple
Dans ton palais,
Du monde entier.

Les arbres et les fleurs
Sont les parures de ta demeure,
Les collines et les vallées
Sont les murs de ton règne sans promiscuité,
Avec le pouvoir.

Car tu n'inspires qu'amour et non gloire.

Le vent de tes yeux

Le vent qui pleure dans tes yeux
Est de plus en plus fougueux,
Il transporte, passé, présent, futur
Il gémit, dans un murmure.

Puis soudain, c'est la joie
Tu cours vers moi
J'ouvre grand les bras.

Et le vent de tes yeux
Cesse et c'est le jour fabuleux,
De nos retrouvailles
Là paraît l'amour et son mystérieux travail !

D'Éros jusqu'à Aphrodite
Le monde entier nous invite
À nous aimer
Sous un ciel irisé
Tissage d'un soleil couchant
Dans un horizon irradiant,
Dans cet espace à la fois tien
À la fois mien.

Et je m'endors
Au pays des rêves, qui encore
Parle de toi.

Le soleil

Le soleil intense
Cache les bleus-silences
De la nuit
Qui parcourt l'infini.

Le soleil allume des flammes
Parfois réchauffe les âmes
Mais toujours éclaire l'apesanteur
Par d'impénétrables lueurs
Qui montent et descendent
Jusqu'à ce ciel qui scande
Les refrains des oiseaux
Et quelquefois tes chants, tes mots.

Parce que tu es ce soleil incantatoire
Des couleurs où tremble le soir.

Alors je vais jusqu'à toi
Et pour la mémoire des rois,
Je choisis un nouvel écrin
Dans lequel je couche le matin
Entre tes mains
Pour que tout revienne
Caresser cette fontaine
Où le soleil danse dans chacune de ces gouttes.
Alors je m'assieds, puis je reprends ma route
Sur les chemins de la lumière
Qui sillonnent la terre
Dans ses derniers secrets.

Le dernier roi

Le dernier roi a déposé des fleurs sur la plage
Une réponse à l'oracle de passage.

Les fleurs de toutes couleurs
Se fondent dans la lumière de ces heures
Où tu observes les fauves à l'heure béate
Au moment du crépuscule
Où tout devient disparate
Où les contraires s'inversent et s'annulent.

Je peux percevoir cependant
Dans ton regard flottant
Le souffle de l'ondée sur les pétales,
Et le retrait de l'animal.

Le dernier roi
A chanté une nouvelle fois
Pour faire rouler les pierreries
De sa couronne dans le roulis
De l'océan.

Il a dit aussi
Qu'il interdirait aux géants
De franchir la barrière de corail,
Il a dit aussi
Qu'il n'y aurait plus de batailles.

Au bord de la nuit

Le vent frémit
Au bord de la nuit
Et j'entends souvent ton prénom
Chevauchant les nouveaux horizons
Qui conjuguent le soleil couchant
Avec les différents parfums de ton sang.

Les arbres touchant les cieux
Répondent en riant à tous les dieux
Que la vie ne cessera de couler
Sur quelques printemps et plusieurs étés.
Alors se dessine la fée dans son manteau bleu
Elle chante et sourit le visage heureux
Comme si derrière la vallée se cachait son amoureux.

Et depuis la mer, reviennent les souvenirs
De cette fille aux grands yeux et au grand rire,
Les vagues portant la gloire de l'écume
Échappent aux sortilèges de la brume.

Derrière la vallée, il est bien là
Attentif à chacun de ses émois.
Et si le ciel s'obscurcit
C'est pour trembler et ne paraître infini
Que dans le silence bleu des méandres et de ses nuits
Là où se cachent victoire et sorcellerie.
Le vent peut-être alors
Posera sur la bouche aimée un baiser d'or
Concurrent
Du nouveau soleil couchant.

J'attends

J'attends depuis l'aube
Que ton corps se dérobe
Derrière la fenêtre du soupir
Pour vers toi, danser et rire.

Ne pars plus, c'est si long d'attendre
Dans la confiance, sans se méprendre.
Toi, seul sais m'entendre
Lorsque dans la nuit j'ai mal ou froid
Et pourtant tu n'es pas là
Mais je t'aime avec cette ardeur
De celle qui fait s'épanouir les fleurs ;
Tu me donnes la couleur poudrée de la rose,
Tu me donnes la force et avec toi, enfin j'ose ;
J'ose écrire que je t'aime depuis
Que j'ai compris le sens de l'aube inouï.

Je parcours les sentiers
Fleuris et secrets de ta forêt,
Et secrètement,
J'attends,
Oui j'attends que la lune se lève
Sur ton domaine et sur nos rêves.
Ensemble nous irons boire au ruisseau
Ensemble nous irons de plus en plus haut
Sur les cimes escarpées
Des vergers d'été
Dans les hauteurs
Des premiers jours de fleurs.

J'attends de te voir
De croiser ton regard ;
Et je me raconte des histoires

Qui parlent de licornes au petit-bois,
Des licornes qui me font rêver de toi
Du petit matin, jusqu'au début de la nuit
Mais quand celle-ci devient profonde et infinie
Mon âme se libère
Et découvre les rivières,
De mes fantasmes, de mes désirs de femme
Et tout cela s'achève avec la flamme
Du petit matin
Qui attend, qui vient.

Je serai là

Je serai là
Dans les murmures du soir ininterrompu
Et je grandirai près de toi
Comme une estampe, un galet nu,

Nous verrons les oiseaux
Au milieu de la Camargue, les chevaux
Et dans tes rêves, tous les drapeaux
Des jeux enfantins
Dont ta mémoire s'enrichit et se souvient.

Sur la page blanche et fragile
Tu poses à l'encre indélébile
Les premiers récits de ton Odyssée
Qui après toutes ces années
À Ithaque t'offre une sage royauté,

Je serai là,
Telle Pénélope près de toi ;
Et le fil de ma toile
Ira convoiter la seule étoile
Qui aura su te guider
Jusqu'au palais
De tes dernières volontés.

Je serai là,
Je verrai et je n'entendrai que toi
À la fois mon alpha et mon oméga

Sur le rocher du souvenir
Sera gravé l'avenir
De notre fusion.

La danse de la pluie

Les mouvements de la pluie
Frémissent sur tes yeux éblouis
Et quand dans ton regard
Je peux saisir l'orage qui viendra ce soir
Tout mon être se couche sur tes pas
Pour n'écouter que tes au-delà.

Alors commence de longs moments
Et la pluie prenant son temps
Allume ici et là des couleurs irréelles
Au fin fond du ciel

L'orage s'annonce déjà victorieux
Et je l'attends dans l'éclat de tes yeux,
Alors je vois des faunes, des chimères
Prêts à se partager l'univers.

Alors j'attends dans une dernière danse
Que l'orage explose
Et me ramène vers l'enfance
Qui ne fait que m'attendre
Dans son renouveau auquel je peux prétendre.

La pluie danse avec les arbres, les fleurs
Et l'orage ne fait que leur déclarer son ardeur.

Tout le poids des gouttes pèsent sur les corolles
Et dans leurs transparences, je me vois quasi-folle
Au bord du précipice de l'amour.

Alors que la fleur grandit vers le jour,
La danse de la pluie
Exorcise les anciens paradis

Ranime des joies enfouies
Et allume tous mes interdits.

C'est sur cette route de lumière
Que je vais en prières.

La liberté

Est tout l'espoir des peuples opprimés
Ou l'attente des gens maltraités
Elle est aussi le profond souhait
De ceux qui connaissent le bonheur
Et craignent de le voir partir à une heure
Une heure incompréhensible, qui se rajoute au temps.

Je cours sur la plage de l'insouciance
Avec l'unique espérance
De capturer l'essence-liberté
Et lui demander gentiment de me protéger.

J'ouvre une bouteille de cristal
Sur laquelle sont gravées ses initiales :
Loin des barrières
Ici, où la merveille tombe en prières
Baiser premier et découverte de l'amour

Et de la fusion
Révolutionnaire

Tant que l'humain croira en l'horizon
Évidemment dans la lumière.

Pour toi, maman

Depuis cinquante-cinq ans je suis dans ta vie
Et je suis ce fruit,
Savoureux, pur et naïf que tu as conçu dans l'amour.
Près de moi, tu es là chaque jour
Et je l'avoue c'est avec difficulté
Que je colore de bleu ce bout de papier.

Tu donnes, tu transmets, tu m'apprends la vie
Avec tes mots à la résonance infinie ;
Parfois lorsque je regarde le ciel
Je pressens quelle a été cette étincelle
D'amour, de conception.
Tu m'as appris, la concentration et l'attention
Et je suis sensible et en émoi, devant ton âme :
Tu m'as regardée devenir femme
Tu m'as extraite de l'enfer et de ses flammes.
Depuis j'ai appris à aimer pour toujours l'intensité de ton regard
Et je suis dans le grand bonheur de te voir
De t'entendre de te sentir
Dans mon avenir
Jour après jour.
Maman, je te remercie pour tout cet amour.

Maman,

Je voudrais arrêter le temps
Pour sentir jour après jour
Tout ton amour
Qui surgit dans mon cœur
Chaque fois où je te vois avec bonheur :
Je me souviendrai de toi, caressant les fleurs
Je me souviendrai de toi, dans la douceur de Sant'Ambroggio
Je me souviendrai de toi, dans la vivacité de tes propos.
Je sentirai encore ta chaleur et ton parfum,
Demain,
Et demain c'est comme aujourd'hui :
Je te regarde et tu me souris
Et dans tes yeux, je vois tous les voyages
Que tu as posé sur mon visage,
Des pyramides, des océans
Et j'espère que je te tends
Tous mes sourires d'enfants
Heureux, aujourd'hui et maintenant :
Je t'aime maman.

Le moment diaphane de la tristesse

Je pose sur ta tristesse
De longues fleurs d''allégresse
Qui séparent la nuit d'hier à la nuit d'aujourd'hui.
Alors s'approche le rythme de la mélodie
Que tu scandais dans tes moments de joie
Tous ces moments où je cours vers toi
Et où tu me touches du bout des doigts.

Des instants d'amour, c'est certain
Des instants où vers moi tu viens,
Les yeux profonds et le cœur vibrant.
Et je je vis alors dans un nouveau monde
Où l'amour surgit en une seconde
Dans le cœur des valeureux
Qui découvrent l'amour depuis les cieux.

Et là c'est la métamorphose :
Sur ta tristesse ancienne
Se posent des milliers de nouvelles roses
Aux senteurs et aux diapres reines :
Explosion de joie et la tristesse
Qui s'efface à tout jamais
Devant un cœur en liesse
Qui construit de nouveaux palais ;
Où toutes et tous sont invités
À venir aimer, rire, chanter, danser
Vivre et vivre encore, malgré toute sa brièveté.

Le temps qui court sépare malgré tout
Les instants banals des instants les plus doux.
Et pour la première fois, tu me regardes l'air étonné
Alors je sens que je renais

À la vie
Et au parfum de ces nuits.

Dans ce palais où tu vis,
Telle la reine de Saba
Je dois résister à la douceur des fontaines
Pour ne boire qu'à toi
Et en de brefs instants
Accepter, enfin d'être ta reine.

Le temps chasse la pluie errante

Le temps chasse la pluie errante
Comme une douce rosée déferlante,
Et je te regarde et je te vois qui chante,
Qui danse qui pleure,
Aux premières lueurs.

Et s'efface la nuit, détrônée par le matin
Qui revient de très loin
Depuis l'au-delà contigu à ton sourire
Et c'est là ton rire,
Puissant, foudroyant comme l'éclair.

Alors, notre voyage se prolonge sur la mer
Au pays du soleil et du vent
Au pays des chants languissants
Sur les ondes déferlantes
De la brume persistante.

Et parmi ces ondes de toutes couleurs
Un bref instant s'assied le bonheur
Et chasse la pluie errante
Comme une matinée douce et non violente
Où tu viens vers moi
Le sourire posé sur moi ;
Que je reçois
Comme le plus beau cadeau
Qui me vient depuis la terre
Et non de là-haut.

Alors je suis heureuse de cette vie
Qui commence promettant un infini,
Se baladant sur les montagnes et les vallées
Éternelles depuis l'éternité.

Merci à la nuit de succéder au jour
Merci à tout ton amour
Qui me vient comme un premier vent
Attendu depuis longtemps,
Depuis que les vagues caressent la plage
Où j'ai dessiné ton visage,
Bleu et profond
Bien plus que l'horizon.

Je me sens libre, je me sens toi
Et j'existe une dernière fois
Avant de soupirer
Après les pluies de l'été.

Mais regarde, voilà le premier arc-en-ciel
Et regarde, tous les oiseaux du ciel.

Tu regardes et tu perçois le surnaturel
Je choisis dès lors de te donner
Toutes les couleurs de l'imaginaire
Pour qu'en moi tu lises à livre ouvert
À la recherche de mes secrets,
Que je ne te livrerai jamais…

Tous ceux qu'emporte la licorne dans la forêt
Sans fin,
Avec juste le matin.

Le temps qui passe

Le temps qui passe
Disperse ses sourires fugaces
D'une danseuse étoile endormie
Sur un bouquet de roses toujours fleuri.

Et en passant devant sa porte
On ne peut s'y tromper c'est l'escorte
De la joie, du succès
Qui au bout de plusieurs années
Font de la femme une étoile.

Et quand tombe le voile
Elle est belle sans le fard,
Elle soupire avec la venue du soir
Car bientôt les hommes et les projecteurs
Allumeront leurs ardeurs.

Des désirs de tout découvrir
Dans la fête et le rire
Alors qu'elle parfois pleure dans le silence
Avec des sanglots et des soupirs sans nuance.

Mais lorsqu'elle regarde toutes ces fleurs
Offertes en son honneur
Un peu de fierté et beaucoup de joie
Allument en son cœur
Les derniers pas de la diva.

Limoges, le 05.10.2024
L'intrus

Le sang de l'intrus,
Celui qui me voit nue
Chaque matin
Qui touche mes mains,
Mon corps de femme
Et qui, bien sûr blesse mon âme.

Il se penche sur moi,
Je vois trembler ses doigts
J'entends sa voix
Je sens son souffle, sa respiration
Il devient mon interdiction, ma prison.

Son visage est entré en moi,
Par la porte des yeux
Et je veux le chasser hors de moi
Loin de mon système nerveux.

Il me fait peur, il me fait mal
Il me rappelle…
J'entends sa voix sale
Je vois son regard de brouillard éternel.

Oh que vienne l'harmonie
Qui fait tout renaître après l'oubli.

Le sang de l'intrus ne coulera pas
Car, c'est moi sa victime qui vais au trépas.

Il a pénétré mon esprit comme on viole un corps
Et chaque matin, il vient encore et encore
Avec son souffle, avec son odeur.

Les larmes, la peur
S'installent en moi
Chaque fois que j'entends ses pas.

Table des matières

Celui de ma main..7
La nuit...13
Cet amour...15
Le fruit..17
Le bateau..19
Et si je revenais...21
Encore une fois..23
Et maintenant..25
J'ai chanté..27
Ton sourire..29
Ton espace..31
L'insouciance...33
La joie..35
Laisse-moi te donner...37
Le vent court..39
Le prélude...41
Le temps..43
Le chemin...45
J'attends...47
L'amphore sous la mer..49
La seule fois...51
Aujourd'hui..53
Le vent de tes yeux..55
Le soleil..57
Le dernier roi..59
Au bord de la nuit..61
J'attends...63
Je serai là...65
La danse de la pluie...67
La liberté...69
Pour toi, maman..71
Maman,..73
Le moment diaphane de la tristesse..75
Le temps chasse la pluie errante..77
Le temps qui passe..79
Limoges, le 05.10.2024 L'intrus...81

MIXTE
Papier issu de sources responsables
Paper from responsible sources
FSC® C105338